MW01179095

© Houghton Mifflin Harcourt Publishing Company • Cover Image Credits: (Goosander) ©Erich Kuchling/
Westend61/Corbis; (Covered bridge, New Hampshire) ©eye35/Alamy Images

Hecho en los Estados Unidos
Impreso en papel reciclado

Houghton
Mifflin
Harcourt

¡VIVAN LAS MATEMÁTICAS!

Copyright © 2015 by Houghton Mifflin Harcourt Publishing Company

All rights reserved. No part of this work may be reproduced or transmitted in any form or by any means, electronic or mechanical, including photocopying or recording, or by any information storage and retrieval system, without the prior written permission of the copyright owner unless such copying is expressly permitted by federal copyright law. Requests for permission to make copies of any part of the work should be addressed to Houghton Mifflin Harcourt Publishing Company, Attn: Intellectual Property Licensing, 9400 Southpark Center Loop, Orlando, Florida 32819-8647.

Common Core State Standards © Copyright 2010. National Governors Association Center for Best Practices and Council of Chief State School Officers. All rights reserved.

This product is not sponsored or endorsed by the Common Core State Standards Initiative of the National Governors Association Center for Best Practices and the Council of Chief State School Officers.

Printed in the U.S.A.

ISBN 978-0-544-67754-8

1 2 3 4 5 6 7 8 9 10   0877   24 23 22 21 20 19 18 17 16 15

4500534839   ^ B C D E F G

If you have received these materials as examination copies free of charge, Houghton Mifflin Harcourt Publishing Company retains title to the materials and they may not be resold. Resale of examination copies is strictly prohibited.

Possession of this publication in print format does not entitle users to convert this publication, or any portion of it, into electronic format.

Estimados estudiantes y familiares:

Bienvenidos a **Go Math! ¡Vivan las matemáticas!** para 2do. grado. En este estimulante programa de matemáticas, encontrarán actividades prácticas y problemas de la vida diaria que tendrán que resolver. Y lo mejor de todo es que podrán escribir sus ideas y respuestas directamente en el libro. El hecho de que puedan escribir y dibujar en las páginas, les ayudará a percibir más detalladamente lo que están aprendiendo y las matemáticas serán fáciles de entender.

También deseamos compartir con ustedes algo muy importante: se ha usado papel reciclado en la impresión de este libro. Queremos que sepan que al participar en el programa **Go Math! ¡Vivan las matemáticas!** ustedes estarán ayudando a proteger el medio ambiente.

Atentamente,
Los autores

Hecho en los Estados Unidos
Impreso en papel reciclado

© Houghton Mifflin Harcourt Publishing Company • Image Credits: (bg) ©Sankar Salvady/Flickr/Getty Images; (t) ©Blaine Harrington III/Alamy Images; (c) ©Don Johnston/All Canada Photos/Getty Images; (b) ©Erich Kuchling/Westend61/Corbis

¡VIVAN LAS MATEMÁTICAS!

Autores

Juli K. Dixon, Ph.D.
Professor, Mathematics Education
University of Central Florida
Orlando, Florida

Edward B. Burger, Ph.D.
President, Southwestern University
Georgetown, Texas

Steven J. Leinwand
Principal Research Analyst
American Institutes for
    Research (AIR)
Washington, D.C.

Colaboradora

Rena Petrello
Professor, Mathematics
Moorpark College
Moorpark, California

Matthew R. Larson, Ph.D.
K-12 Curriculum Specialist for
    Mathematics
Lincoln Public Schools
Lincoln, Nebraska

Martha E. Sandoval-Martinez
Math Instructor
El Camino College
Torrance, California

Consultores de English Language Learners

Elizabeth Jiménez
CEO, GEMAS Consulting
Professional Expert on English
    Learner Education
Bilingual Education and
    Dual Language
Pomona, California

© Houghton Mifflin Harcourt Publishing Company • Image Credits: (bg) ©Russ Bishop/Alamy Images; (t) ©Richard Wear/Design Pics/Corbis

Suma y resta

Estándares comunes

Área de atención Desarrollar la fluidez con la suma y la resta

¡Aprende en línea! Tus lecciones de matemáticas son interactivas. Usa iTools, Modelos matemáticos animados y el Glosario multimedia entre otros.

Presentación del Capítulo 6

En este capítulo, explorarás y descubrirás las respuestas a las siguientes **Preguntas esenciales**:

- ¿Cuáles son algunas estrategias para sumar y restar números de 3 dígitos?
- ¿Cuáles son los pasos para hallar la suma en un problema de suma de 3 dígitos?
- ¿Cuáles son los pasos para hallar la diferencia en un problema de resta de 3 dígitos?
- ¿Cuándo necesitas reagrupar?

Entrenador personal en matemáticas
Evaluación e intervención en línea

© Houghton Mifflin Harcourt Publishing Company

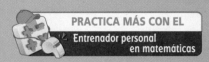

PRACTICA MÁS CON EL
Entrenador personal
en matemáticas

PROYECTO DE REPASO DEL ÁREA DE ATENCIÓN PLAN A TRIP TO THE ZOO: *www.thinkcentral.com*

Práctica y tarea

Repaso de la lección
y Repaso en espiral
en cada lección

© Houghton Mifflin Harcourt Publishing Company

Capítulo 6

Suma y resta de 3 dígitos

Piensa como matemático

Las mariposas monarca se posan juntas durante la migración.

Si cuentas 83 mariposas en un árbol y 72 en otro, ¿cuántas mariposas contaste en total?

© Houghton Mifflin Harcourt Publishing Company • Image Credits: (bg) Roy Morsch/AGE Fotostock

Nombre _____

Muestra lo que sabes

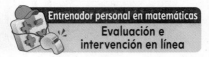

Entrenador personal en matemáticas
Evaluación e
intervención en línea

Haz un modelo de la resta de decenas

Escribe la diferencia. (1.NBT.C.6)

1.

5 decenas — 3 decenas

= _____ decenas

50 — 30 = _____

2.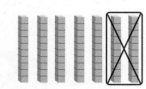

7 decenas — 2 decenas

= _____ decenas

70 — 20 = _____

Suma de 2 dígitos

Escribe la suma.

3.
$$\begin{array}{r} 54 \\ + 25 \\ \hline \end{array}$$

4.
$$\begin{array}{r} 35 \\ + 18 \\ \hline \end{array}$$

5.
$$\begin{array}{r} 82 \\ + 67 \\ \hline \end{array}$$

6.
$$\begin{array}{r} 29 \\ + 81 \\ \hline \end{array}$$

Centenas, decenas y unidades

Escribe las centenas, las decenas y las unidades que se muestran.
Escribe el número. (2.NBT.A.1)

7.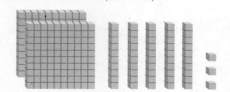

Centenas	Decenas	Unidades

_____

8.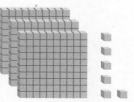

Centenas	Decenas	Unidades

_____

Esta página es para verificar la comprensión de destrezas
importantes que se necesitan para tener éxito en el Capítulo 6.

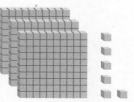

© Houghton Mifflin Harcourt Publishing Company

Nombre _____

Desarrollo del vocabulario

Palabras de repaso

reagrupar
suma
diferencia
centenas

Visualízalo

Escribe ejemplos de maneras de reagrupar para completar el organizador gráfico.

reagrupar

Nombro 13 unidades como 1 decena y 3 unidades.

Comprende el vocabulario

1. Escribe un número que tenga un dígito de **centenas** que sea mayor que su dígito de decenas.

_____

2. Escribe un enunciado de suma que tenga una **suma** de 20.

_____

3. Escribe un enunciado de resta que tenga una **diferencia** de 10.

_____

• Libro interactivo del estudiante
• Glosario multimedia

Juego Baraja de 2 dígitos

Materiales

- tarjetas con números del 10 al 50
- 15 • 15

Juega con un compañero.

1. Baraja las tarjetas con números. Colócalas boca abajo en una pila.

2. Toma dos tarjetas. Di la suma de los dos números.

3. Tu compañero comprueba tu suma.

4. Si tu suma es correcto, coloca una ficha sobre un botón. Si reagrupaste para resolver, coloca una ficha sobre otro botón.

5. Túrnense. Cubran todos los botones. El jugador que tenga más fichas en el tablero gana.

6. Repitan el juego, diciendo la diferencia entre los dos números en cada turno.

© Houghton Mifflin Harcourt Publishing Company

Vocabulario de Capítulo 6

centena

hundred

5

columna

column

10

diferencia

difference

20

dígito

digit

21

es igual a

is equal to (=)

25

reagrupar

regroup

55

suma

sum

59

sumandos

addends

60

© Houghton Mifflin Harcourt Publishing Company

columna

$$\begin{array}{r} 3\,|3 \\ 3\,|4 \\ +3\,|2 \end{array}$$

© Houghton Mifflin Harcourt Publishing Company

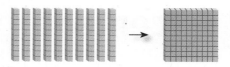

Hay 10 decenas en 1 **centena.**

© Houghton Mifflin Harcourt Publishing Company

0, 1, 2, 3, 4, 5, 6, 7, 8 y 9 son dígitos.

© Houghton Mifflin Harcourt Publishing Company

$$5 \quad - \quad 3 \quad = \quad 2$$

diferencia

© Houghton Mifflin Harcourt Publishing Company

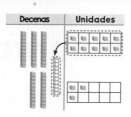

Decenas	Unidades

Puedes cambiar 10 unidades por 1 decena y **reagrupar.**

© Houghton Mifflin Harcourt Publishing Company

$$2 \quad \text{más} \quad 1 \quad \text{es igual a} \quad 3$$
$$2 \quad + \quad 1 \quad = \quad 3$$

© Houghton Mifflin Harcourt Publishing Company

$$5 \quad + \quad 3 \quad = \quad 8$$

sumandos

© Houghton Mifflin Harcourt Publishing Company

$$4 \quad + \quad 2 \quad = \quad 6$$

suma

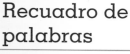 Juego

¡Dibújalo!

Jugadores: 3 a 4

Materiales
- cronómetro
- bloc de dibujo

Instrucciones
1. Túrnense para jugar.
2. Elige una palabra de matemáticas del Recuadro de palabras. No digas la palabra.
3. Fijen el cronómetro en 1 minuto.
4. Hagan dibujos y números para dar pistas de la palabra de matemáticas.
5. El primer jugador que adivina la palabra obtiene 1 punto. Si usa la palabra en una oración, obtiene 1 punto más. El jugador obtiene el siguiente turno.
6. El primer jugador que obtiene 5 puntos es el ganador.

Recuadro de palabras
- centena
- columna
- diferencia
- dígito
- es igual a
- reagrupar
- suma
- sumandos

© Houghton Mifflin Harcourt Publishing Company

Diario

Escríbelo

Reflexiona

Elige una idea. Escribe acerca de la idea en el espacio de abajo.

- Di cómo resolver este problema.

$$42 - 25 = \underline{\hspace{2cm}}$$

- Escribe un párrafo en que uses al menos **tres** de estas palabras.

   sumandos   dígito   suma   centena   reagrupar

- Explica algo que sabes acerca de reagrupar.

© Houghton Mifflin Harcourt Publishing Company

Dibujar para representar la suma de 3 dígitos

Estándares comunes Números y operaciones en base diez—2.NBT.B.7

PRÁCTICAS MATEMÁTICAS
MP2, MP5, MP6

Pregunta esencial ¿Cómo haces dibujos rápidos para mostrar la suma de números de 3 dígitos?

Escucha y dibuja En el mundo

Haz dibujos rápidos para representar problema. Luego resuelve.

Decenas	Unidades
	_____ páginas

Charla matemática

PRÁCTICAS MATEMÁTICAS 5

Usa herramientas Explica cómo tus dibujos rápidos muestran el problema.

PARA EL MAESTRO • Lea este problema a los niños. Manuel leyó 45 páginas de un libro. Luego leyó 31 páginas más. ¿Cuántas páginas leyó Manuel? Pida a los niños que hagan dibujos rápidos para resolver el problema.

© Houghton Mifflin Harcourt Publishing Company

Suma 234 y 141.

Centenas	Decenas	Unidades

_3_ centenas _7_ decenas

_5_ unidades

375

Comparte y muestra

Haz dibujos rápidos. Escribe cuántas centenas, decenas y unidades hay en total. Escribe el número.

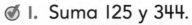

1. Suma 125 y 344.

Centenas	Decenas	Unidades

_____ centenas _____ decenas

_____ unidades

_____

2. Suma 307 y 251.

Centenas	Decenas	Unidades

_____ centenas _____ decenas

_____ unidades

_____

© Houghton Mifflin Harcourt Publishing Company • Image Credits: ©Teguh Mujiono/Shutterstock

Nombre _____

Haz dibujos rápidos. Escribe cuántas centenas,
decenas y unidades hay en total. Escribe el número.

3. Suma 231 y 218.

Centenas	Decenas	Unidades

_____ centenas _____ decenas

_____ unidades

_____

4. Suma 232 y 150.

Centenas	Decenas	Unidades

_____ centenas _____ decenas

_____ unidades

_____

5. **PIENSA MÁS** Usa los dibujos rápidos para hallar los dos
números que se sumaron. Luego escribe cuántas centenas,
decenas y unidades hay en total. Escribe el número.

Centenas	Decenas	Unidades
	|||||	o o o
		o o o o o

Suma _____ y _____.

_____ centenas _____ decenas

_____ unidades

_____

© Houghton Mifflin Harcourt Publishing Company • Image Credits: (t) ©Teguh Mujiono/Shutterstock

Resolución de problemas • Aplicaciones

 ESCRIBE ▸ Matemáticas

6. **PRÁCTICA MATEMÁTICA ②** **Representa un problema**

Hay 125 poemas en el libro de Carrie y 143 poemas en el libro de Angie. ¿Cuántos poemas hay en los dos libros en total?

Haz un dibujo rápido para resolver.

_____ poemas

Entrenador personal en matemáticas

7. **PIENSA MÁS ➕** Rhys quiere sumar 456 y 131.

Ayuda a Rhys a resolver este problema. Haz dibujos rápidos. Escribe cuántas centenas, decenas y unidades hay en total. Escribe el número.

Centenas	Decenas	Unidades

_____ centenas _____ decenas _____ unidades

_____

ACTIVIDAD PARA LA CASA • Escriba 145 + 122.
Pida a su niño que explique cómo puede hacer dibujos rápidos para hallar la suma.

© Houghton Mifflin Harcourt Publishing Company

Dibujar para representar la suma de 3 dígitos

Estándares comunes

ESTÁNDARES COMUNES—2.NBT.B.7
Utilizan el valor posicional y las propiedades de las operaciones para sumar y restar.

Haz dibujos rápidos. Escribe cuántas centenas, decenas y unidades hay en total. Escribe el número.

I. Suma 142 y 215.

Centenas	Decenas	Unidades

_____ centenas _____ decenas

_____ unidades

_____

Resolución de problemas En el mundo

Resuelve. Escribe o dibuja para explicar.

3. Un granjero vendió 324 limones y 255 limas. ¿Cuántas frutas vendió el granjero en total?

_____ frutas

3. ESCRIBE ▸ Matemáticas Haz dibujos rápidos y escribe para explicar cómo sumarías 342 y 416.

_____

_____

_____

© Houghton Mifflin Harcourt Publishing Company

Repaso de la lección (2.NBT.B.7)

I. La Sra. Carol vendió 346 boletos para niños y 253 boletos para adultos. ¿Cuántos boletos vendió la Sra. Carol en total?

_____ boletos

2. El Sr. Harris contó 227 guijarros grises y 341 guijarros blancos. ¿Cuántos guijarros contó el Sr. Harris?

_____ guijarros

Repaso en espiral (2.OA.C.4, 2.NBT.B.5, 2.NBT.B.6)

3. Pat tiene 3 hileras de caracoles. Hay 4 caracoles en cada hilera. ¿Cuántos caracoles tiene Pat en total?

_____ caracoles

4. Kara contó 32 bolígrafos rojos, 25 bolígrafos azules, 7 bolígrafos negros y 24 bolígrafos verdes. ¿Cuántos bolígrafos contó Kara en total?

_____ bolígrafos

5. Kai tenía 46 bloques. Le dio 39 bloques a su hermana. ¿Cuántos bloques le quedan a Kai?

$46 - 39 =$ _____ bloques

6. Una tienda tiene 55 carteles a la venta. Tiene 34 carteles de deportes. El resto son de animales. ¿Cuántos carteles son de animales?

_____ carteles

© Houghton Mifflin Harcourt Publishing Company

PRACTICA MÁS CON EL
Entrenador personal en matemáticas

Nombre _____

Separar sumandos de 3 dígitos

Pregunta esencial ¿Cómo separas sumandos para sumar centenas, decenas y luego unidades?

Estándares comunes — **Números y operaciones en base diez—2.NBT.B.7**
PRÁCTICAS MATEMÁTICAS
MP6, MP8

Escucha y dibuja

Escribe el número. Haz un dibujo rápido del número.
Luego escribe el número de diferentes maneras.

_____

_____ centenas _____ decenas _____ unidades

_____ + _____ + _____

_____

_____ centenas _____ decenas _____ unidades

_____ + _____ + _____

Charla matemática

PRÁCTICAS MATEMÁTICAS 6

Haz conexiones ¿Qué número puede escribirse como 400 + 20 + 9?

PARA EL MAESTRO • Pida a los niños que escriban 258 en el espacio en blanco de la esquina izquierda de la primera casilla. Pida a los niños que hagan un dibujo rápido de este número y luego completen las otras dos formas del número. Repita la actividad con 325.

© Houghton Mifflin Harcourt Publishing Company

Capítulo 6

Representa y dibuja

Separa los sumandos en centenas, decenas y unidades.
Suma las centenas, las decenas y las unidades.
Luego halla la suma.

538 $\longrightarrow$ 500 + 30 + 8

+216 $\longrightarrow$ 200 + 10 + 6

700 + ___ + ___ = _____

Comparte y muestra

Separa los sumandos para hallar la suma.

1. 321 $\longrightarrow$ _____ + _____ + _____

   +457 $\longrightarrow$ _____ + _____ + _____

   _____ + _____ + _____ = _____

2. 744 $\longrightarrow$ _____ + _____ + _____

   +162 $\longrightarrow$ _____ + _____ + _____

   _____ + _____ + _____ = _____

3. 254 $\longrightarrow$ _____ + _____ + _____

   +536 $\longrightarrow$ _____ + _____ + _____

   _____ + _____ + _____ = _____

© Houghton Mifflin Harcourt Publishing Company

Nombre _____

Por tu cuenta

Separa los sumandos para hallar la suma.

4.   374 ⟶ _____ + _____ + _____

    +518 ⟶ _____ + _____ + _____

        _____ + _____ + _____ = _____

5.   425 ⟶ _____ + _____ + _____

    +232 ⟶ _____ + _____ + _____

        _____ + _____ + _____ = _____

6.   849 ⟶ _____ + _____ + _____

    +123 ⟶ _____ + _____ + _____

        _____ + _____ + _____ = _____

7. PIENSA MÁS El Sr. Jones tiene muchas
    hojas de papel. Tiene 158 hojas de
    papel azul, 100 hojas de papel rojo
    y 231 hojas de papel verde. ¿Cuántas
    hojas de papel tiene en total?

_____ hojas de papel

© Houghton Mifflin Harcourt Publishing Company

Resolución de problemas • Aplicaciones  ESCRIBE ▸ Matemáticas

8. MÁS AL DETALLE Wesley sumó de otra manera.

```
  327
+ 468
─────
  700      7 centenas
   80      8 decenas
+  15      15 unidades
─────
  795
```

Usa la manera de Wesley para hallar la suma.

```
  539
+ 247
```

9. PIENSA MÁS   Hay 376 niños en una escuela. Hay 316 niños en otra escuela. ¿Cuántos niños hay en las dos escuelas?

$$376 \longrightarrow 300 + 70 + 6$$
$$+ 316 \longrightarrow 300 + 10 + 6$$

Selecciona un número de cada columna para resolver el problema.

Centenas	Decenas	Unidades
○ 2	○ 4	○ 2
○ 4	○ 8	○ 3
○ 6	○ 9	○ 6

 ACTIVIDAD PARA LA CASA • Escriba 347 + 215. Pida a su niño que separe los números y luego halle la suma.

© Houghton Mifflin Harcourt Publishing Company

Separar sumandos de 3 dígitos

Estándares comunes
ESTÁNDARES COMUNES—2.NBT.B.7
Utilizan el valor posicional y las propiedades de las operaciones para sumar y restar.

Separa los sumandos para hallar la suma.

1. 518 ⟶ _____ + _____ + _____

    + 221 ⟶ _____ + _____ + _____

    _____ + _____ + _____ = _____

2. 438 ⟶ _____ + _____ + _____

    + 142 ⟶ _____ + _____ + _____

    _____ + _____ + _____ = _____

Resolución de problemas En el mundo

Resuelve. Escribe o dibuja para explicar.

3. Hay 126 crayones en un balde. Un maestro pone 144 crayones más en el balde.
    ¿Cuántos crayones hay en el balde ahora?

    _____ crayones

4. **ESCRIBE** Matemáticas Haz dibujos rápidos y escribe para explicar cómo separar sumandos para hallar la suma de 324 + 231.

    _____

© Houghton Mifflin Harcourt Publishing Company

Repaso de la lección (2.NBT.B.7)

1. ¿Cuál es la suma?

$$\begin{array}{r} 218 \\ + \ 145 \\ \hline \end{array}$$

2. ¿Cuál es la suma?

$$\begin{array}{r} 664 \\ + \ 223 \\ \hline \end{array}$$

Repaso en espiral (2.OA.B.2, 2.NBT.B.5, 2.NBT.B.6, 2.NBT.B.9)

3. Ang recogió 19 bayas y Barry recogió 21 bayas. ¿Cuántas bayas recogieron en total?

$19 + 21 =$ _____ bayas

4. Escribe una operación de resta relacionada para $9 + 6 = 15$

_____

5. Hay 25 peces dorados y 33 peces betas. ¿Cuántos peces hay en total?

$25 + 33 =$ _____ peces

6. Resta 16 de 41. Haz un dibujo para mostrar la reagrupación. ¿Cuál es la diferencia?

Decenas	Unidades

_____

© Houghton Mifflin Harcourt Publishing Company

Nombre _____

Nombre _____

Nombre _____

Suma de 3 dígitos: Reagrupar unidades

Pregunta esencial ¿Cuándo reagrupas unidades en la suma?

Usa [imagen de bloque y regleta] para hacer un modelo del problema. Haz dibujos rápidos para mostrar lo que hiciste.

Centenas	Decenas	Unidades

PARA EL MAESTRO • Lea el siguiente problema y pida a los niños que hagan un modelo de él con bloques. Había 213 personas en el espectáculo el viernes y 156 personas en el espectáculo el sábado. ¿Cuántas personas hubo en el espectáculo en las dos noches? Pida a los niños que hagan dibujos rápidos para mostrar cómo resolvieron el problema.

Charla matemática — PRÁCTICAS MATEMÁTICAS 6

Describe cómo hiciste un modelo del problema.

Capítulo 6 · cuatrocientos tres **403**

Suma las unidades.

$6 + 7 = 13$

Reagrupa 13 unidades como 1 decena y 3 unidades.

Centenas	Decenas	Unidades
	1	
2	4	6
+ 1	1	7
		3

Centenas	Decenas	Unidades

Suma las decenas.

$1 + 4 + 1 = 6$

Centenas	Decenas	Unidades
	1	
2	4	6
+ 1	1	7
	6	3

Centenas	Decenas	Unidades

Suma las centenas.

$2 + 1 = 3$

Centenas	Decenas	Unidades
	1	
2	4	6
+ 1	1	7
3	6	3

Centenas	Decenas	Unidades

Comparte y muestra

Escribe la suma.

1.

Centenas	Decenas	Unidades
	☐	
3	2	8
+ 1	3	4

2.

Centenas	Decenas	Unidades
	☐	
4	4	5
+	2	3

© Houghton Mifflin Harcourt Publishing Company

Nombre _____

Por tu cuenta

Escribe la suma.

3.

Centenas	Decenas	Unidades
	☐	
5	2	6
+ 1	0	3

4.

Centenas	Decenas	Unidades
	☐	
3	4	8
+	1	9

5.

Centenas	Decenas	Unidades
	☐	
6	2	8
+ 3	4	7

6.

Centenas	Decenas	Unidades
	☐	
2	3	5
+ 2	5	7

7.

Centenas	Decenas	Unidades
	☐	
5	6	2
+ 3	2	9

8.

Centenas	Decenas	Unidades
	☐	
1	4	7
+ 1	2	5

9. PIENSA MÁS El jueves, el zoológico recibió 326 visitantes. El viernes, el zoológico recibió 200 visitantes más que el jueves. ¿Cuántos visitantes recibió el zoológico los dos días en total?

_____ visitantes

© Houghton Mifflin Harcourt Publishing Company • Image Credits: (t) ©Teguh Mujiono/Shutterstock

Resolución de problemas • Aplicaciones

 ESCRIBE) Matemáticas

Resuelve. Escribe o dibuja para explicar.

10. **PRÁCTICA MATEMÁTICA ④** **Representa con matemáticas** La tienda de regalos está a 140 pasos de la entrada del zoológico. La parada del tren está a 235 pasos de la tienda de regalos. ¿Cuántos pasos hay en total?

_____ pasos

11. **PIENSA MÁS** La clase de Katina usó 249 adornos para decorar su tablero de anuncios. La clase de Gunter usó 318 adornos. ¿Cuántos adornos usaron las dos clases en total?

_____ adornos

¿Tuviste que reagrupar para resolver? Explica.

 ACTIVIDAD PARA LA CASA • Pida a su niño que explique por qué solo reagrupó en algunos de los problemas de la lección.

© Houghton Mifflin Harcourt Publishing Company

Suma de 3 dígitos: Reagrupar unidades

Estándares comunes

ESTÁNDARES COMUNES—2.NBT.B.7
Utilizan el valor posicional y las propiedades de las operaciones para sumar y restar.

Escribe la suma.

1.

Centenas	Decenas	Unidades
	☐	
1	4	8
+ 2	3	4

2.

Centenas	Decenas	Unidades
	☐	
3	2	1
+ 3	1	8

3.

Centenas	Decenas	Unidades
	☐	
4	1	4
+ 1	7	9

4.

Centenas	Decenas	Unidades
	☐	
6	0	2
+ 2	5	8

Resolución de problemas (En el mundo)

Resuelve. Escribe o dibuja para explicar.

5. Hay 258 margaritas amarillas y 135 margaritas blancas en el jardín.
¿Cuántas margaritas hay en el jardín en total? _____ margaritas

6. ESCRIBE ▸ **Matemáticas** Halla la suma de 136 + 212. ¿Reagrupaste?
Explica por qué sí o por qué no.

_____

© Houghton Mifflin Harcourt Publishing Company

Repaso de la lección (2.NBT.B.7)

1. ¿Cuál es la suma?

Centenas	Decenas	Unidades
	☐	
4	3	5
+ 1	4	6

2. ¿Cuál es la suma?

Centenas	Decenas	Unidades
	☐	
4	3	6
+ 3	0	6

Repaso en espiral (2.OA.B.2, 2.NBT.B.5, 2.NBT.B.6, 2.NBT.B.7)

3. ¿Cuál es la diferencia?

$$9 - 4 = \text{\_\_\_\_}$$

4. ¿Cuál es la suma?

$$\begin{array}{r} 82 \\ + 59 \\ \hline \end{array}$$

5. ¿Cuál es la suma?

$$26 + 7 = \text{\_\_\_\_}$$

6. Suma 243 y 132. ¿Cuántas centenas, decenas y unidades hay en total?

____ centenas ____ decenas

____ unidades

© Houghton Mifflin Harcourt Publishing Company

PRACTICA MÁS CON EL
Entrenador personal
en matemáticas

Nombre _____

Suma de 3 dígitos: Reagrupar decenas

Pregunta esencial ¿Cuándo reagrupas decenas en la suma?

Estándares comunes **Números y operaciones en base diez—2.NBT.B.7**

PRÁCTICAS MATEMÁTICAS
MP6, MP8

Escucha y dibuja *En el mundo*   Manos a la obra

Usa ▦ ▭ para hacer un modelo del problema.
Haz dibujos rápidos para mostrar lo que hiciste.

Centenas	Decenas	Unidades

Charla matemática   PRÁCTICAS MATEMÁTICAS 6

PARA EL MAESTRO • Lea el siguiente problema y pida a los niños que usen bloques para hacer un modelo del problema. El lunes visitaron el zoológico 253 niños. El martes visitaron el zoológico 324 niños. ¿Cuántos niños visitaron el zoológico esos dos días? Pida a los niños que hagan dibujos rápidos para mostrar cómo resolvieron el problema.

Explica cómo muestran tus dibujos rápidos lo que sucedió en el problema.

© Houghton Mifflin Harcourt Publishing Company

Suma las unidades.

$2 + 5 = 7$

Centenas	Decenas	Unidades
□	□	
1	4	2
+ 2	8	5
		7

Centenas	Decenas	Unidades
	IIII	o
	IIIIIIIII	o o o o o

Suma las decenas.

$4 + 8 = 12$

Reagrupa 12 decenas como 1 centena y 2 decenas.

Centenas	Decenas	Unidades
1	□	
1	4	2
+ 2	8	5
	2	7

Centenas	Decenas	Unidades
	IIII	o
	IIIIIIIII	o o o o o

Suma las centenas.

$1 + 1 + 2 = 4$

Centenas	Decenas	Unidades
1	□	
1	4	2
+ 2	8	5
4	2	7

Centenas	Decenas	Unidades
	II	o o o o o o

Comparte y muestra

Escribe la suma.

1.

Centenas	Decenas	Unidades
□	□	
3	4	7
+ 2	9	1

☑ 2.

Centenas	Decenas	Unidades
□	□	
1	6	5
+ 3	5	4

☑ 3.

Centenas	Decenas	Unidades
□	□	
5	3	8
+ 1	4	0

© Houghton Mifflin Harcourt Publishing Company

Por tu cuenta

Escribe la suma.

4.

Centenas	Decenas	Unidades
☐	☐	
1	5	6
+	4	2

5.

Centenas	Decenas	Unidades
☐	☐	
7	6	4
+ 1	5	3

6.

Centenas	Decenas	Unidades
☐	☐	
3	7	2
+ 1	8	5

7.

2	2	4
+ 1	5	7

8.

3	1	4
+ 4	3	5

9.

7	5	3
+ 1	5	2

10. *MÁS AL DETALLE* En un juego de bolos Jack anotó
116 puntos y 124 puntos. Hal anotó 128 puntos
y 134 puntos. ¿Quién anotó más puntos?
¿Cuántos puntos más se anotaron?

_____ _____ puntos más

PRÁCTICA MATEMÁTICA 6 Presta atención a la precisión
Reescribe los números. Luego suma.

11. $760 + 178$

$+$ _____

12. $216 + 346$

$+$ _____

13. $423 + 285$

$+$ _____

© Houghton Mifflin Harcourt Publishing Company

Resolución de problemas • Aplicaciones En el mundo

 ESCRIBE · Matemáticas

14. **PIENSA MÁS** Estas listas muestran las frutas que se vendieron. ¿Cuántas frutas vendió el Sr. Olson?

Sr. Olson	Sr. Luis
257 manzanas	314 peras
281 ciruelas	229 duraznos

_____ frutas

15. **MÁS AL DETALLE** ¿Quién vendió más frutas?

_____

¿Cuántas más?

_____ frutas más

16. **PIENSA MÁS** En el teatro del parque de la ciudad, asistieron 152 personas a la representación de la mañana. Otras 167 personas fueron a la representación por la tarde.

¿Cuántas personas en total vieron las dos representaciones?

_____ personas

Rellena el círculo al lado de cada enunciado verdadero acerca de la forma de resolver el problema.

○ Debes reagrupar las decenas como 1 decena y 9 unidades.

○ Debes reagrupar las decenas como 1 centena y 1 decena.

○ Debes sumar 2 unidades + 7 unidades.

○ Debes sumar 1 centena + 1 centena + 1 centena.

 ACTIVIDAD PARA LA CASA • Pida a su niño que elija una nueva combinación de frutas de esta página y halle el número total de frutas de los dos tipos.

© Houghton Mifflin Harcourt Publishing Company

Nombre _____

Suma de 3 dígitos: Reagrupar decenas

 ESTÁNDARES COMUNES—2.NBT.B.7
Utilizan el valor posicional y las propiedades de las operaciones para sumar y restar.

Escribe la suma.

1.

Centenas	Decenas	Unidades
☐	☐	
1	8	7
+ 2	3	2

2.

Centenas	Decenas	Unidades
☐	☐	
3	2	2
+ 3	5	6

3.

Centenas	Decenas	Unidades
☐	☐	
2	8	5
+ 5	3	1

4.

4	4	5
+	3	4

5.

6	2	0
+ 2	8	8

6.

5	5	7
+ 1	8	0

Resolución de problemas En el mundo

Resuelve. Escribe o dibuja para explicar.

7. Hay 142 carritos azules y 293 carritos rojos en la juguetería. ¿Cuántos carritos hay en total?

_____ carritos

8. ESCRIBE ▸ Matemáticas Halla la suma de 362 + 265. ¿Reagrupaste? Explica por qué o por qué no.

_____

_____

© Houghton Mifflin Harcourt Publishing Company

Repaso de la lección (2.NBT.B.7)

1. ¿Cuál es la suma?

$$\begin{array}{r} 472 \\ + \ 255 \\ \hline \end{array}$$

2. Annika tiene 144 monedas de 1¢ y Yahola tiene 284 monedas de 1¢ ¿Cuántas monedas de 1¢ tienen en total?

$$\begin{array}{r} 144 \\ + \ 284 \\ \hline \end{array}$$

Repaso en espiral (2.OA.B.2, 2.NBT.B.5, 2.NBT.B.7)

3. ¿Cuál es la suma?

$$\begin{array}{r} 56 \\ + \ 38 \\ \hline \end{array}$$

4. ¿Cuál es la suma?

$$\begin{array}{r} 326 \\ + \ 139 \\ \hline \end{array}$$

5. Francis tiene 8 carritos, luego su hermano le da otros 9 carritos más. ¿Cuántos carritos tiene Francis ahora?

$8 + 9 =$ _____ carritos

6. ¿Cuál es la diferencia?

$$\begin{array}{r} 82 \\ - \ 34 \\ \hline \end{array}$$

© Houghton Mifflin Harcourt Publishing Company

PRACTICA MÁS CON EL
Entrenador personal
en matemáticas

Nombre _____

Suma: Reagrupar unidades y decenas

Pregunta esencial ¿Cómo sabes cuándo reagrupar en la suma?

Estándares comunes Números y operaciones en base diez—2.NBT.B.7 *También 2.NBT.B.9*

PRÁCTICAS MATEMÁTICAS
MP1, MP6, MP8

Escucha y dibuja (En el mundo)

Usa el cálculo mental. Escribe la suma para cada problema.

$$\begin{array}{r} 40 \\ + 20 \\ \hline \end{array} \qquad \begin{array}{r} 200 \\ + 700 \\ \hline \end{array} \qquad \begin{array}{r} 70 \\ + 30 \\ \hline \end{array} \qquad \begin{array}{r} 500 \\ + 300 \\ \hline \end{array}$$

$10 + 30 + 40 =$ _____

$100 + 400 + 200 =$ _____

$10 + 50 + 40 =$ _____

$600 + 300 =$ _____

Charla matemática PRÁCTICAS MATEMÁTICAS

Analiza ¿Te resultaron algunos de los problemas más fáciles de resolver que otros? Explica.

PARA EL MAESTRO • Anime a los niños a resolver estos problemas de suma con rapidez. Es posible que primero deba comentar los problemas con los niños, indicándoles que cada uno consiste en sumar decenas o sumar centenas.

© Houghton Mifflin Harcourt Publishing Company

A veces reagruparás más de una vez en los problemas de suma.

```
   | |
  2 5 9
+ 4 7 6
-------
  7 3 5
```

9 unidades + 6 unidades = 15 unidades, o 1 decena y 5 unidades

1 decena + 5 decenas + 7 decenas = 13 decenas o 1 centena y 3 decenas

1 centena + 2 centenas + 4 centenas = 7 centenas

PIENSA:
¿Hay 10 o más unidades?
¿Hay 10 o más decenas?

Comparte y muestra MATH BOARD

Escribe la suma.

1.
```
  1 8 4
+ 3 2 9
```

2.
```
  5 4 6
+ 2 7 8
```

3.
```
  3 2 7
+ 3 5 3
```

4.
```
  2 3 4
+ 1 5 2
```

5.
```
  3 7 5
+ 2 7 2
```

6.
```
  1 8 9
+ 6 2 3
```

© Houghton Mifflin Harcourt Publishing Company

Nombre _____

Por tu cuenta

Escribe la suma.

7.
```
    5 7 4
  + 2 8 1
  _____
```

8.
```
    4 1 6
  + 4 8 3
  _____
```

9.
```
    3 4 6
  + 5 9 7
  _____
```

10.
```
    3 6 5
  + 2 8 3
  _____
```

11.
```
    6 4 7
  + 1 0 9
  _____
```

12.
```
    5 4 6
  + 3 5 6
  _____
```

13.
```
    3 4 8
  + 6 3 1
  _____
```

14.
```
    4 5 5
  + 1 3 9
  _____
```

15.
```
    5 6 3
  + 2 4 5
  _____
```

16. **PIENSA MÁS** Miko escribió estos problemas.
¿Qué dígitos faltan?

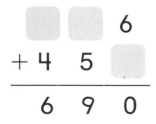

Matemáticas al instante

© Houghton Mifflin Harcourt Publishing Company

ACTIVIDAD PARA LA CASA • Pida a su niño que
explique cómo resolver 236 + 484.

Nombre _____

 # Revisión de la mitad del capítulo

Conceptos y destrezas

Entrenador personal en matemáticas
Evaluación e
intervención en línea

Separa los sumandos para hallar la suma. (2.NBT.B.7)

1. 567 ⟶ _____ + _____ + _____

   +324 ⟶ _____ + _____ + _____

   _____ + _____ + _____ = _____

Escribe la suma. (2.NBT.B.7)

2.
```
   2 4 8
 + 3 4 6
```

3.
```
   6 3 7
 + 2 6 4
```

4.
```
   3 9 1
 + 5 3 7
```

5. **PIENSA MÁS** Hay 148 dólares de arena
pequeños y 119 dólares de arena grandes
en la playa. ¿Cuántos dólares de arena
hay en total en la playa? (2.NBT.B.7)

_____ dólares de arena

© Houghton Mifflin Harcourt Publishing Company • Image Credits: (b) Siede Preis/PhotoDisc/Getty Images

Suma: Reagrupar unidades y decenas

ESTÁNDARES COMUNES 2.NBT.B.7
Estándares comunes
Utilizan el valor posicional y las propiedades de las operaciones para sumar y restar.

Escribe la suma.

1.
```
   5 4 7
 + 4 3 5
```

2.
```
   3 6 7
 + 2 8 4
```

3.
```
   4 8 5
 + 4 5 6
```

4.
```
   1 8 7
 + 3 0 6
```

5.
```
   6 4 7
 + 1 2 8
```

6.
```
   5 2 3
 + 1 7 4
```

Resolución de problemas En el mundo

Resuelve. Escribe o dibuja para explicar.

7. Saúl y Luisa anotaron 167 puntos cada uno en un juego de computadora. ¿Cuántos puntos anotaron en total?

_____ puntos

8. **ESCRIBE**) **Matemáticas** Escribe la suma para 275 más 249 y halla la suma. Luego haz dibujos rápidos para comprobar tu trabajo.

_____

© Houghton Mifflin Harcourt Publishing Company

Repaso de la lección (2.NBT.B.7)

1. ¿Cuál es la suma?

$$\begin{array}{r} 348 \\ +\ 272 \\ \hline \end{array}$$

2. ¿Cuál es la suma?

$$\begin{array}{r} 123 \\ +\ 217 \\ \hline \end{array}$$

Repaso en espiral (2.OA.A.1, 2.OA.B.2, 2.NBT.B.6, 2.NBT.B.9)

3. Escribe una operación de suma que tenga el mismo total que 9 + 4.

10 + _____

4. ¿Cuál es la suma?

$$\begin{array}{r} 32 \\ 15 \\ +\ 46 \\ \hline \end{array}$$

5. Suma 29 y 35. Dibuja para mostrar la reagrupación. ¿Cuál es la suma?

Decenas	Unidades

_____

6. Tom tenía 25 pretzels. Regaló 12 pretzels. ¿Cuántos pretzels le quedan a Tom?

25 − 12 = _____ pretzels

© Houghton Mifflin Harcourt Publishing Company

PRACTICA MÁS CON EL
Entrenador personal
en matemáticas

Nombre _____

Resolución de problemas • Resta de 3 dígitos

Pregunta esencial ¿Cómo puede ayudar un modelo cuando se resuelven problemas de resta?

Estándares comunes **Números y operaciones en base diez—2.NBT.B.7**
PRÁCTICAS MATEMÁTICAS
MP1, MP4, MP6

Había 436 personas en la exhibición de arte. De ellas, 219 se fueron a casa. ¿Cuántas personas se quedaron en la exhibición de arte?

 Soluciona el problema

¿Qué debo hallar?

cuántas personas
_____
se quedaron en la exhibición de arte

¿Qué información debo usar?

Había _____ personas en la exhibición de arte.

Luego, _____ personas se fueron a casa.

Muestra cómo resolver el problema.

Haz un modelo. Luego haz un dibujo rápido de tu modelo.

_____ personas

NOTA A LA FAMILIA • Su niño hizo un modelo y un dibujo rápido para representar y resolver un problema de resta.

© Houghton Mifflin Harcourt Publishing Company

Haz otro problema

Haz un modelo para resolver. Luego haz un dibujo rápido de tu modelo.

- ¿Qué debo hallar?
- ¿Qué información debo usar?

1. Hay 532 obras de arte en la exhibición. De ellas, 319 obras de arte son pinturas. ¿Cuántas obras de arte no son pinturas?

_____ obras de arte

2. 245 niños van al evento de pintar caras. De ellos, 114 son niños. ¿Cuántas son niñas?

_____ niñas

Charla matemática

PRÁCTICAS MATEMÁTICAS 6

Explica cómo resolviste el primer problema de esta página.

© Houghton Mifflin Harcourt Publishing Company

Nombre _____

Comparte y muestra

Haz un modelo para resolver. Luego haz un dibujo rápido de tu modelo.

3. Había 237 libros en la mesa. La señorita Jackson quitó 126 libros de la mesa. ¿Cuántos libros quedaron en la mesa?

_____ libros

4. Había 232 tarjetas postales en la mesa. Los niños usaron 118 tarjetas postales. ¿Cuántas tarjetas postales no se usaron?

_____ tarjetas postales

5. PIENSA MÁS En la mañana, 164 niños y 31 adultos vieron la película. En la tarde, 125 niños vieron la película. ¿Cuántos niños menos vieron la película en la tarde que en la mañana?

_____ niños menos

© Houghton Mifflin Harcourt Publishing Company

Por tu cuenta MATH BOARD

PRÁCTICA MATEMÁTICA ❶ Comprende los problemas

6. Había algunas uvas en un tazón. Los
amigos de Clancy comieron 24 uvas.
Quedaron 175 uvas en el tazón.
¿Cuántas uvas había antes en
el tazón?

_____ uvas

7. **PIENSA MÁS** En la escuela de Gregory,
hay 547 niños y niñas. Hay 246 niños.
¿Cuántas niñas hay?

Haz un dibujo rápido para resolver.

Encierra en un círculo el número válido para que el
enunciado sea verdadero.

Hay
| 201 |
| 301 |
| 793 |
niñas.

ACTIVIDAD PARA LA CASA • Pida a su niño que elija un
problema de esta lección y lo resuelva de otra manera.

© Houghton Mifflin Harcourt Publishing Company

Resolución de problemas • Resta de 3 dígitos

ESTÁNDARES COMUNES—2.NBT.B.7
Utilizan el valor posicional y las propiedades de las operaciones para sumar y restar.

Estándares comunes

Haz un modelo para resolver. Luego haz un dibujo rápido de tu modelo.

1. El sábado fueron 770 personas al puesto de bocadillos. El domingo fueron 628 personas. ¿Cuántas personas más fueron al puesto de bocadillos el sábado que el domingo?

   _____ personas más

2. Había 395 vasos de helado de limón en el puesto de bocadillos. Se vendieron 177 vasos de helado de limón. ¿Cuántos vasos de helado de limón quedan en el puesto?

   _____ vasos

3. Había 576 botellas de agua en el puesto de bocadillos. Se vendieron 469 botellas de agua. ¿Cuántas botellas de agua hay en el puesto ahora?

   _____ botellas

4. ESCRIBE ▸ Matemáticas Haz dibujos rápidos para mostrar cómo restar 314 de 546.

© Houghton Mifflin Harcourt Publishing Company

Repaso de la lección (2.NBT.B.7)

1. Hay 278 libros de matemáticas y ciencias. De ellos, 128 son libros de matemáticas. ¿Cuántos libros de ciencias hay?

_____ libros

2. Un libro tiene 176 páginas. El Sr. Roberts leyó 119 páginas. ¿Cuántas páginas le quedan por leer?

_____ páginas

Repaso en espiral (2.OA.B.2, 2.NBT.B.5, 2.NBT.B.6, 2.NBT.B.7)

3. ¿Cuál es la suma?

$$1 + 6 + 2 = \underline{\quad}$$

4. ¿Cuál es la diferencia?

$$54 - 8 = \underline{\quad}$$

5. ¿Cuál es la suma?

$$\begin{array}{r} 356 \\ + \ 174 \\ \hline \end{array}$$

6. ¿Cuál es la suma?

$$\begin{array}{r} 22 \\ + \ 16 \\ \hline \end{array}$$

PRACTICA MÁS CON EL
Entrenador personal
en matemáticas

© Houghton Mifflin Harcourt Publishing Company

Nombre _____

Resta de 3 dígitos: Reagrupar decenas

Pregunta esencial ¿Cuándo reagrupas decenas en la resta?

Estándares comunes **Números y operaciones en base diez—2.NBT.B.7**

PRÁCTICAS MATEMÁTICAS
MP1, MP6, MP8

Escucha y dibuja En el mundo · Manos a la obra

Usa ▦ ▭ para hacer un modelo del problema.
Haz un dibujo rápido para mostrar lo que hiciste.

Centenas	Decenas	Unidades

PARA EL MAESTRO • Lea el siguiente problema y pida a los niños que usen bloques para hacer un modelo del problema. 473 personas fueron al partido de fútbol americano. Al final del partido todavía quedaban 146 personas. ¿Cuántas personas se fueron antes de que terminara el partido? Pida a los niños que hagan dibujos rápidos de su modelo.

Charla matemática

PRÁCTICAS MATEMÁTICAS

Describe qué hacer cuando no hay suficientes unidades de donde restar.

© Houghton Mifflin Harcourt Publishing Company

Representa y dibuja

354 − 137 = ?

¿Hay suficientes unidades para restar 7?

sí   (no)

Reagrupa 1 decena como 10 unidades.

Centenas	Decenas	Unidades
	4	14
3	5	4
− 1	3	7

Centenas	Decenas	Unidades

Ahora hay suficientes unidades.

Resta las unidades.

14 − 7 = 7

Centenas	Decenas	Unidades
	4	14
3	5	4
− 1	3	7
		7

Centenas	Decenas	Unidades

Resta las decenas.

4 − 3 = 1

Resta las centenas.

3 − 1 = 2

Centenas	Decenas	Unidades
	4	14
3	5	4
− 1	3	7
2	1	7

Centenas	Decenas	Unidades

Comparte y muestra   MATH BOARD

Resuelve. Escribe la diferencia.

1.

Centenas	Decenas	Unidades
4	3	1
− 3	2	6

2.

Centenas	Decenas	Unidades
6	5	8
− 2	3	7

© Houghton Mifflin Harcourt Publishing Company

Nombre _____

Por tu cuenta

Resuelve. Escribe la diferencia.

3.

Centenas	Decenas	Unidades
	☐	☐
7	2	8
− 1	0	7

4.

Centenas	Decenas	Unidades
	☐	☐
4	5	2
− 2	1	6

5.

Centenas	Decenas	Unidades
	☐	☐
9	6	5
− 2	3	8

6.

Centenas	Decenas	Unidades
	☐	☐
4	8	9
− 1	4	9

7. MÁS AL DETALLE Una librería tiene 148 libros sobre personas y 136 libros sobre lugares. Se vendieron algunos libros. Ahora quedan 137 libros. ¿Cuántos libros se vendieron?

_____ libros

8. PIENSA MÁS Había 287 libros de música y 134 libros de ciencias en la tienda. Después de vender algunos libros, quedan 159 libros. ¿Cuántos libros se vendieron?

_____ libros

© Houghton Mifflin Harcourt Publishing Company

Resolución de problemas • Aplicaciones

 ESCRIBE ▶ Matemáticas

PRÁCTICA MATEMÁTICA ① Comprende los problemas

Resuelve. Dibuja o escribe para explicar.

9. Hay 235 silbatos y 42 campanas en la tienda. Ryan cuenta 128 silbatos en el estante. ¿Cuántos silbatos no están en el estante?

_____ silbatos

Entrenador personal en matemáticas

10. **PIENSA MÁS ➕** El Dr. Jackson tenía 326 sellos.

Vende 107 sellos. ¿Cuántas sellos le quedan ahora?

_____ sellos

¿Harías las siguientes acciones para resolver el problema? Elige Sí o No.

Restar 107 de 326.	○ Sí	○ No
Reagrupar 1 decena como 10 unidades.	○ Sí	○ No
Reagrupar las centenas.	○ Sí	○ No
Restar 7 unidades de 16 unidades.	○ Sí	○ No
Sumar 26 + 10.	○ Sí	○ No

 ACTIVIDAD PARA LA CASA • Pida a su niño que explique por qué reagrupó solo en algunos problemas de esta lección.

© Houghton Mifflin Harcourt Publishing Company • Image Credits: (tl) Getty Images/Photodisc

Resta de 3 dígitos: Reagrupar decenas

Estándares comunes **ESTÁNDARES COMUNES 2.NBT.B.7**
Utilizan el valor posicional y las propiedades de las operaciones para sumar y restar.

Resuelve. Escribe la diferencia.

1.

Centenas	Decenas	Unidades
	☐	☐
7	7	4
− 2	3	6

2.

Centenas	Decenas	Unidades
	☐	☐
5	5	1
− 1	1	3

3.

Centenas	Decenas	Unidades
	☐	☐
4	8	9
− 2	7	3

4.

Centenas	Decenas	Unidades
	☐	☐
7	7	2
− 2	5	4

Resolución de problemas

Resuelve. Escribe o dibuja para explicar.

5. Había 985 lápices. Se vendieron algunos lápices.
Luego quedaron 559 lápices.
¿Cuántos lápices se vendieron? _____ lápices

6. **ESCRIBE** ▸ Matemáticas Elige uno de los
ejercicios de arriba. Haz dibujos
rápidos para comprobar
tu trabajo.

© Houghton Mifflin Harcourt Publishing Company

Repaso de la lección (2.NBT.B.7)

1. ¿Cuál es la diferencia?

$$346 - 127$$

2. ¿Cuál es la diferencia?

$$568 - 226$$

Repaso en espiral (2.OA.A.1, 2.OA.C.4, 2.NBT.B.5, 2.NBT.B.7)

3. ¿Cuál es la diferencia?

$$45 - 7 = \underline{\quad}$$

4. Leroy tiene 11 cubos. Jane tiene 15 cubos. ¿Cuántos cubos tienen en total?

____ cubos

5. Mila pone 5 flores en cada florero. ¿Cuántas flores pondrá en 3 floreros?

____ flores

6. El Sr. Hill tiene 428 lápices. Reparte 150 lápices. ¿Cuántos lápices le quedan?

_____ lápices

© Houghton Mifflin Harcourt Publishing Company

PRACTICA MÁS CON EL
Entrenador personal
en matemáticas

Resta de 3 dígitos: Reagrupar centenas

Pregunta esencial ¿Cuándo reagrupas centenas en la resta?

Estándares comunes Números y operaciones en base diez—2.NBT.B.7, 2.NBT.B.9
PRÁCTICAS MATEMÁTICAS
MP1, MP3, MP8

Escucha y dibuja · En el mundo

Haz dibujos rápidos para mostrar el problema.

Centenas	Decenas	Unidades

Charla matemática

PRÁCTICAS MATEMÁTICAS

Describe qué hacer cuando no hay suficientes decenas de donde restar.

PARA EL MAESTRO • Lea el siguiente problema y pida a los niños que hagan un modelo de él con dibujos rápidos. El club de lectura tiene 349 libros. De ellos, 173 libros tratan sobre los animales. ¿Cuántos libros no tratan sobre los animales?

© Houghton Mifflin Harcourt Publishing Company

428 − 153 = ?

Resta las unidades.

8 − 3 = 5

Centenas	Decenas	Unidades
☐	☐	☐
4	2	8
− 1	5	3
		5

Centenas	Decenas	Unidades

No hay suficientes decenas de donde restar.

Reagrupa 1 centena.
4 centenas y
2 decenas ahora son
3 centenas y 12 decenas.

Centenas	Decenas	Unidades
3	12	☐
4	2	8
− 1	5	3
		5

Centenas	Decenas	Unidades

Resta las decenas.

12 − 5 = 7

Resta las centenas.

3 − 1 = 2

Centenas	Decenas	Unidades
3	12	☐
4	2	8
− 1	5	3
2	7	5

Centenas	Decenas	Unidades

Comparte y muestra

Resuelve. Escribe la diferencia.

1.

Centenas	Decenas	Unidades
☐	☐	☐
4	7	8
− 3	5	6

2.

Centenas	Decenas	Unidades
☐	☐	☐
8	1	4
− 2	6	3

© Houghton Mifflin Harcourt Publishing Company

Por tu cuenta

Resuelve. Escribe la diferencia.

3.

Centenas	Decenas	Unidades
☐	☐	☐
6	2	9
− 4	8	2

4.

Centenas	Decenas	Unidades
☐	☐	☐
9	3	6
− 1	7	3

5.

```
    4 | 3 | 5
  − 1 | 9 | 2
```

6.

```
    3 | 8 | 7
  −   | 4 | 7
```

7.

```
    5 8 8
  − 4 5 0
```

8.

```
    3 4 5
  − 2 6 3
```

PRÁCTICA MATEMÁTICA ③ Da argumentos

9. Elige uno de los ejercicios anteriores. Describe la resta que hiciste. Asegúrate de hablar de los valores de los dígitos en los números.

_____

_____

_____

© Houghton Mifflin Harcourt Publishing Company

Resolución de problemas · Aplicaciones En el mundo

 ESCRIBE Matemáticas

10. **PIENSA MÁS** Sam hizo dos torres. Usó 139 bloques para la primera torre. Usó 276 bloques en total. ¿Para qué torre usó más bloques? _____

Explica cómo resolviste el problema.

_____

_____

11. **PIENSA MÁS** Estos son los puntos que obtuvo cada clase en un juego de matemáticas.

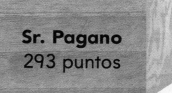

Sra. Rose 444 puntos   **Sr. Chang** 429 puntos   **Sr. Pagano** 293 puntos

¿Cuántos puntos más obtuvo la clase del Sr. Chang que la clase del Sr. Pagano? Haz un dibujo y explica cómo hallaste la respuesta.

_____ puntos más

ACTIVIDAD PARA LA CASA · Pida a su niño que explique cómo hallar la diferencia de 745 − 341.

© Houghton Mifflin Harcourt Publishing Company

Resta de 3 dígitos: Reagrupar centenas

ESTÁNDARES COMUNES—2.NBT.B.7
Utilizan el valor posicional y las propiedades de las operaciones para sumar y restar.

Estándares comunes

Resuelve. Escribe la diferencia.

1.

Centenas	Decenas	Unidades
☐	☐	☐
7	2	7
− 2	5	6

2.

Centenas	Decenas	Unidades
☐	☐	☐
9	6	7
− 1	5	3

3.

6	3	9
− 4	7	2

4.

4	4	8
− 3	6	3

Resolución de problemas

Resuelve. Escribe o dibuja la explicación.

5. Había 537 personas en el desfile.
De esas personas, 254 tocaban un instrumento.
¿Cuántas personas no tocaban un instrumento? _____ personas

6. ESCRIBE ▸ Matemáticas Escribe el problema de resta para 838 − 462. Halla la diferencia. Luego haz dibujos rápidos para comprobar tu diferencia.

_____

© Houghton Mifflin Harcourt Publishing Company

Repaso de la lección (2.NBT.B.7)

1. ¿Cuál es la diferencia?

$$
\begin{array}{r}
538 \\
-\ 135 \\
\hline
\end{array}
$$

2. ¿Cuál es la diferencia?

$$
\begin{array}{r}
218 \\
-\ 126 \\
\hline
\end{array}
$$

Repaso en espiral (2.OA.B.2, 2.NBT.B.5, 2.NBT.B.6, 2.NBT.B.7)

3. ¿Cuál es la diferencia?

$$52 - 15 = \underline{\quad}$$

4. Wallace tiene 8 crayones y Alma tiene 7. ¿Cuántos crayones tienen en total?

$$8 + 7 = \underline{\quad} \text{ crayones}$$

5. ¿Cuál es la suma?

$$
\begin{array}{r}
47 \\
+\ 26 \\
\hline
\end{array}
$$

6. En febrero, la clase de la maestra Lin leyó 392 libros. La clase del maestro Hook leyó 173 libros. ¿Cuántos libros más leyó la clase de la maestra Lin?

$$
\begin{array}{r}
392 \\
-\ 173 \\
\hline
\end{array}
$$

libros

© Houghton Mifflin Harcourt Publishing Company

PRACTICA MÁS CON EL
Entrenador personal en matemáticas

438 cuatrocientos treinta y ocho

Nombre _____

Resta: Reagrupar centenas y decenas

Estándares comunes · Números y operaciones en base diez—2.NBT.B.7 *También 2.NBT.B.8*
PRÁCTICAS MATEMÁTICAS
MP1, MP6, MP8

Pregunta esencial ¿Cómo sabes cuándo debes reagrupar en la resta?

Escucha y dibuja En el mundo

Usa el cálculo mental. Escribe la diferencia para cada problema.

$$\begin{array}{r} 50 \\ -\ 20 \\ \hline \end{array} \qquad \begin{array}{r} 600 \\ -\ 400 \\ \hline \end{array} \qquad \begin{array}{r} 80 \\ -\ 30 \\ \hline \end{array} \qquad \begin{array}{r} 900 \\ -\ 300 \\ \hline \end{array}$$

$90 - 40 =$ _____

$700 - 500 =$ _____

$70 - 60 =$ _____

$800 - 300 =$ _____

PARA EL MAESTRO • Anime a los niños a resolver estos problemas de resta con rapidez. Es posible que primero deba comentar los problemas con los niños, indicándoles que cada uno consiste en restar decenas o restar centenas.

Charla matemática · **PRÁCTICAS MATEMÁTICAS** 6

¿Te resultaron algunos de los problemas más fáciles de resolver? **Explica.**

© Houghton Mifflin Harcourt Publishing Company

A veces reagruparás más de una vez en los problemas de resta.

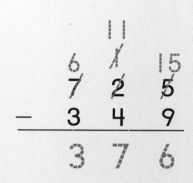

Reagrupa 2 decenas y 5 unidades como 1 decena y 15 unidades. Resta las unidades.

Reagrupa 7 centenas y 1 decena como 6 centenas y 11 decenas. Resta las decenas.

Resta las centenas.

Comparte y muestra

Resuelve. Escribe la diferencia.

1.

```
  4 2 1
- 1 3 8
───────
```

2.

```
  2 7 4
- 1 8 2
───────
```

3.

```
  5 4 6
- 2 6 7
───────
```

4.

```
  8 5 9
-   5 7
───────
```

5.

```
  7 4 7
- 1 5 9
───────
```

6.

```
  9 3 8
- 3 7 0
───────
```

© Houghton Mifflin Harcourt Publishing Company

Por tu cuenta

Resuelve. Escribe la diferencia.

7.
```
    3  4  2
-   1  3  8
_____
```

8.
```
    4  6  3
-   2  8  1
_____
```

9.
```
    8  5  5
-   4  9  7
_____
```

10.
```
    6  5  7
-   3  8  4
_____
```

11.
```
    5  2  1
-   1  4  6
_____
```

12.
```
    7  5  8
-   5  3  7
_____
```

13.
```
    5  4  2
-   1  6  8
_____
```

14.
```
    8  2  3
-   6  7  3
_____
```

15.
```
    9  4  7
-   5  7  9
_____
```

16. **PIENSA MÁS** Alex escribió estos problemas.
¿Qué números faltan?

```
        4  15
     9  ▢  ▢
-    6  2  8
_____
     3  2  7
```

```
        7  13
     ▢  ▢  7
-    1  5  ▢
_____
     6  8  1
```

© Houghton Mifflin Harcourt Publishing Company

Resolución de problemas • Aplicaciones En el mundo

ESCRIBE ▸ Matemáticas

17. **MÁS AL DETALLE** Esta es la manera en que Walter halló la diferencia de 617 — 350.

350
> + 50
400
> + 200
600
> + 17
617

(267)

Halla la diferencia de 843 — 270 con la manera de Walter.

18. **PRÁCTICA MATEMÁTICA ①** **Analiza** Hay 471 niños en la escuela de Caleb. De ellos, 256 van a la escuela en autobús.

¿Cuántos niños no van a la escuela en autobús?

_____ niños

19. **PIENSA MÁS** La Sra. Herrell tenía 427 piñas. Dio 249 piñas a sus niños.

¿Cuántas piñas le quedan?

_____ piñas

ACTIVIDAD PARA LA CASA • Pida a su niño que halle la diferencia al restar 182 de 477.

© Houghton Mifflin Harcourt Publishing Company

Resta: Reagrupar centenas y decenas

 ESTÁNDARES COMUNES—2.NBT.B.7
Utilizan el valor posicional y las propiedades de las operaciones para sumar y restar.

Resuelve. Escribe la diferencia.

1.
```
    8  1  6
  − 3  4  5
  ─────────
```

2.
```
    9  3  2
  − 1  6  3
  ─────────
```

3.
```
    7  9  6
  − 4  6  8
  ─────────
```

 Resolución de problemas En el mundo

Resuelve.

4. El libro para colorear de Mila tiene 432 páginas. Ya coloreó 178 páginas. ¿Cuántas páginas del libro le faltan por colorear?

_____ páginas

5. ESCRIBE Matemáticas Haz dibujos rápidos para mostrar cómo restar 546 de 735.

© Houghton Mifflin Harcourt Publishing Company

Repaso de la lección (2.NBT.B.7)

1. ¿Cuál es la diferencia?

$$
\begin{array}{r}
349 \\
-\ 187 \\
\hline
\end{array}
$$

2. ¿Cuál es la diferencia?

$$
\begin{array}{r}
336 \\
-\ 178 \\
\hline
\end{array}
$$

Repaso en espiral (2.OA.1, 2.OA.2, 2.NBT.5, 2.NBT.B.7)

3. ¿Cuál es la suma?

$$
\begin{array}{r}
246 \\
+\ 533 \\
\hline
\end{array}
$$

4. ¿Cuál es la diferencia?

$$
\begin{array}{r}
38 \\
-\ 14 \\
\hline
\end{array}
$$

5. ¿Cuál es la diferencia?

$17 - 9 =$ _____

6. Lisa tiene 15 margaritas. Regala 7 margaritas. Luego encuentra 3 margaritas más. ¿Cuántas margaritas tiene Lisa ahora?

_____ margaritas

© Houghton Mifflin Harcourt Publishing Company

PRACTICA MÁS CON EL
Entrenador personal
en matemáticas

Nombre _____

Reagrupar con ceros

Pregunta esencial ¿Cómo reagrupas cuando hay ceros en el número con que comienzas?

Estándares comunes Números y operaciones en base diez—2.NBT.B.7
PRÁCTICAS MATEMÁTICAS
MP1, MP6, MP8

Escucha y dibuja (En el mundo)

Escribe o haz un dibujo para mostrar cómo resolviste el problema.

PARA EL MAESTRO • Lea el siguiente problema y pida a los niños que lo resuelvan. El Sr. Sánchez hizo 403 galletas. Vendió 159 galletas. ¿Cuántas galletas le quedan al Sr. Sánchez ahora? Anime a los niños a comentar y mostrar diferentes maneras de resolver el problema.

Charla matemática

PRÁCTICAS MATEMÁTICAS

Describe otra manera en que podrías resolver el problema.

© Houghton Mifflin Harcourt Publishing Company

La Srta. Dean tiene un libro de 504 páginas.
Hasta ahora ha leído 178 páginas. ¿Cuántas
páginas más le quedan por leer?

$$
\begin{array}{r}
5\ 0\ 4 \\
-\ 1\ 7\ 8 \\
\hline
\end{array}
$$

Paso 1 No hay
suficientes unidades de
donde restar.

Como hay 0 decenas,
reagrupa 5 centenas
como 4 centenas y
10 decenas.

$$
\begin{array}{r}
{\scriptstyle 4}\ \ {\scriptstyle 10} \\
\cancel{5}\ \cancel{0}\ 4 \\
-\ 1\ 7\ 8 \\
\hline
\end{array}
$$

Paso 2 Luego reagrupa
10 decenas y 4 unidades
como 9 decenas y
14 unidades.

Ahora hay suficientes
unidades de donde
restar.

$14 - 8 = 6$

$$
\begin{array}{r}
{\scriptstyle 9} \\
{\scriptstyle 4}\ \ {\scriptstyle 10}\ \ {\scriptstyle 14} \\
\cancel{5}\ \cancel{0}\ \cancel{4} \\
-\ 1\ 7\ 8 \\
\hline
6
\end{array}
$$

Paso 3 Resta las
decenas.

$9 - 7 = 2$

Resta las centenas.

$4 - 1 = 3$

$$
\begin{array}{r}
{\scriptstyle 9} \\
{\scriptstyle 4}\ \ {\scriptstyle 10}\ \ {\scriptstyle 14} \\
\cancel{5}\ \cancel{0}\ \cancel{4} \\
-\ 1\ 7\ 8 \\
\hline
3\ 2\ 6
\end{array}
$$

Comparte y muestra   MATH BOARD

Resuelve. Escribe la diferencia.

 1.

$$
\begin{array}{r}
3\ 0\ 8 \\
-\ 2\ 5\ 9 \\
\hline
\end{array}
$$

 2.

$$
\begin{array}{r}
7\ 5\ 5 \\
-\ 4\ 3\ 8 \\
\hline
\end{array}
$$

3.

$$
\begin{array}{r}
8\ 0\ 1 \\
-\ 3\ 7\ 5 \\
\hline
\end{array}
$$

© Houghton Mifflin Harcourt Publishing Company

Nombre _____

Por tu cuenta

Resuelve. Escribe la diferencia.

4.

```
  5 6 3
- 1 8 2
```

5.

```
  9 0 4
- 5 6 8
```

6.

```
  7 0 5
- 2 3 1
```

7.

```
  6 0 3
- 3 2 8
```

8.

```
  4 4 2
- 2 3 8
```

9.

```
  9 0 1
- 6 7 5
```

10.

```
  7 0 2
- 4 2 6
```

11.

```
  6 8 4
- 2 1 9
```

12.

```
  4 7 9
- 1 3 7
```

13. **PIENSA MÁS** Miguel tiene 125 tarjetas de béisbol más que Chad. Miguel tiene 405 tarjetas de béisbol. ¿Cuántas tarjetas de béisbol tiene Chad?

_____ tarjetas de béisbol

© Houghton Mifflin Harcourt Publishing Company

Resolución de problemas • Aplicaciones

 **Matemáticas**

14. **PRÁCTICA MATEMÁTICA** ① **Analiza** Claire tiene 250 monedas de 1¢. Algunas están en una caja y otras en su alcancía. Hay más de 100 monedas de 1¢ en cada lugar. ¿Cuántas monedas de 1¢ puede haber en cada lugar?

_____ monedas de 1¢ en una caja

_____ monedas de 1¢ en su alcancía

Explica cómo resolviste el problema.

_____

_____

_____

_____

15. **PIENSA MÁS** Hay 404 personas en el partido de béisbol. 273 son fanáticos del equipo azul. El resto son fanáticos del equipo rojo. ¿Cuántos fanáticos hay del equipo rojo?

¿Describe el enunciado cómo resolver el problema? Elige Sí o No.

Reagrupar 1 decena como 14 unidades. ○ Sí ○ No

Reagrupar 1 centena como 10 decenas. ○ Sí ○ No

Restar 3 unidades de 4 unidades. ○ Sí ○ No

Restar 2 centenas de 4 centenas. ○ Sí ○ No

Hay _____ fanáticos del equipo rojo.

 ACTIVIDAD PARA LA CASA • Pida a su niño que explique cómo resolvió uno de los problemas de esta lección.

© Houghton Mifflin Harcourt Publishing Company

Reagrupar con ceros

 ESTÁNDARES COMUNES—2.NBT.B.7
*Utilizan el valor posicional y las propiedades
de las operaciones para sumar y restar.*

Resuelve. Escribe la diferencia.

1.
```
    8  0  6
  - 3  4  5
```

2.
```
    9  0  2
  - 7  8  3
```

3.
```
    7  9  4
  - 2  6  8
```

4.
```
    6  8  7
  - 1  4  4
```

5.
```
    5  0  5
  - 1  6  7
```

6.
```
    3  0  7
  - 1  5  4
```

Resolución de problemas En el mundo

Resuelve.

7. Hay 303 estudiantes.
Hay 147 niñas.
¿Cuántos niños hay?

_____ niños

8. **ESCRIBE Matemáticas** Escribe el
siguiente problema de resta:
604 − 357. Describe cómo
restarás para hallar la
diferencia.

_____

_____

© Houghton Mifflin Harcourt Publishing Company

Repaso de la lección (2.NBT.B.7)

1. ¿Cuál es la diferencia?

$$\begin{array}{r} 301 \\ -\ 187 \\ \hline \end{array}$$

2. ¿Cuál es la diferencia?

$$\begin{array}{r} 406 \\ -\ 268 \\ \hline \end{array}$$

Repaso en espiral (2.OA.B.2, 2.NBT.B.5, 2.NBT.B.7)

3. ¿Cuál es la suma?

$$\begin{array}{r} 35 \\ +\ 79 \\ \hline \end{array}$$

4. Hay 555 estudiantes en la escuela primaria Roosevelt y 282 estudiantes en la escuela primaria Jefferson. ¿Cuántos estudiantes hay en las dos escuelas en total?

$$\begin{array}{r} 555 \\ +\ 282 \\ \hline \end{array}$$

estudiantes

5. ¿Cuál es la diferencia?

$$10 - 2 = \underline{}$$

6. La meta de Gabriel es leer 43 libros este año. Hasta el momento leyó 11 libros. ¿Cuántos libros le quedan por leer hasta alcanzar su meta?

$$\begin{array}{r} 43 \\ -\ 11 \\ \hline \end{array}$$

libros

© Houghton Mifflin Harcourt Publishing Company

PRACTICA MÁS CON EL
Entrenador personal
en matemáticas

Entrenador personal en matemáticas
Evaluación e
intervención en línea

✓ Repaso y prueba del Capítulo 6

I. El Sr. Kent tenía 948 palitos planos. Su clase de arte usó 356 palitos planos. ¿Cuántos palitos planos le quedan al Sr. Kent ahora?

_____ palitos planos

---

2. En la biblioteca hay 668 libros y revistas. Hay 565 libros en la biblioteca. ¿Cuántas revistas hay?

Encierra en un círculo el número válido para que el enunciado sea verdadero.

Hay ┌─────────┐ revistas.
       13
      103
     1,233

---

3. Hay 176 niñas y 241 niños en la escuela. ¿Cuántos niños y niñas hay en total en la escuela?

$$176 \longrightarrow 100 + 70 + 6$$
$$+ 241 \longrightarrow 200 + 40 + 1$$

Selecciona un número de cada columna para resolver el problema.

Centenas	Decenas	Unidades
○ 2	○ 1	○ 3
○ 3	○ 3	○ 5
○ 4	○ 4	○ 7

© Houghton Mifflin Harcourt Publishing Company • Image Credits: (c) PhotoDisc/Getty Images

Opciones de evaluación
Prueba del capítulo

4. PIENSA MÁS + Anna quiere sumar 246 y 132.

Ayuda a Anna a resolver este problema. Haz dibujos rápidos. Escribe cuántas centenas, decenas y unidades hay en total. Escribe el número.

Entrenador personal en matemáticas

Centenas	Decenas	Unidades

_____ centenas _____ decenas

_____ unidades

_____

5. La Sra. Preston tenía 513 hojas. Dio 274 hojas a sus estudiantes. ¿Cuántas hojas le quedan? Haz un dibujo para mostrar cómo hallaste la respuesta.

_____ hojas

6. Un agricultor tiene 112 pacanas y 97 nogales. ¿Cuántas pacanas más que nogales tiene el agricultor?

Rellena el círculo al lado de todos los enunciados que describen lo que harías.

○ Reagruparía las centenas.

○ Sumaría 12 + 97.

○ Restaría 7 unidades de 12 unidades.

○ Reagruparía las decenas.

© Houghton Mifflin Harcourt Publishing Company

7. Amy tiene 408 cuentas. Da 322 cuentas a su hermana.
¿Cuántas cuentas tiene Amy ahora?

¿Describe el enunciado cómo hallar la respuesta?
Elige Sí o No.

Reagrupar 1 decena como 18 unidades.   ○ Sí   ○ No

Reagrupar 1 centena como 10 decenas.   ○ Sí   ○ No

Restar 2 decenas de 10 decenas.   ○ Sí   ○ No

Amy tiene _____ cuentas.

---

8. **MÁS AL DETALLE** Raúl usó este método para hallar la suma de 427 + 316.

$$
\begin{array}{r}
427 \\
+\ 316 \\
\hline
700 \\
30 \\
+\ \ 13 \\
\hline
743
\end{array}
$$

Usa el método de Raúl para hallar la suma.

$$
\begin{array}{r}
229 \\
+\ 313 \\
\hline
\end{array}
$$

Describe cómo resuelve Raúl los problemas de suma.

_____

_____

© Houghton Mifflin Harcourt Publishing Company

9. Sally obtiene 381 puntos en un juego. Ty obtiene 262 puntos. ¿Cuántos puntos más obtiene Sally que Ty?

○ 121   ○ 643   ○ 129   ○ 119

10. Usa los números de las fichas cuadradas para resolver el problema.

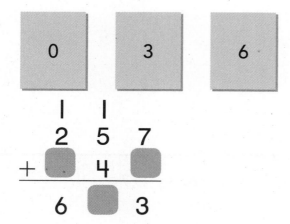

Describe cómo resolviste el problema.

_____

_____

_____

_____

© Houghton Mifflin Harcourt Publishing Company